COMIENZA TU NEGOCIO DE LIMPIEZA Y HAZ DINERO EN UNA SEMANA

Establece con esta guía paso a paso su propio negocio y comienza a hacer dinero ya

SUSANA PEREZ

COMIENZA TU NEGOCIO DE LIMPIEZA Y HAZ DINERO EN UNA SEMANA :
Establece con esta guia paso a paso su propio negocio y comienza a hacer dinero ya.

Copyright © 2020 by Susana Perez

Primera edición 2017

Segunda edición 2020

Ebook ISBN-13: 978-1-7357071-0-5
Paperback ISBN- 978-1-7357071-1-2

Impreso en los Estados Unidos de América

Los nombres de marcas registradas, los logotipos y las imágenes pueden aparecer en este libro. En lugar de utilizar un símbolo de marca registrada con cada aparición de un nombre, logotipo o imagen de marca registrada, utilizamos los nombres, logotipos e imágenes sólo de manera editorial y en beneficio del propietario de la marca comercial, sin intención de infringir la marca

El uso en esta publicación de nombres comerciales, marcas registradas, marcas de servicio y términos similares, aunque no estén identificados como tales, no debe tomarse como una expresión de opinión sobre si están o no sujetos a derechos de propiedad.

Aunque se cree que el consejo y la información de este libro son verdaderos y exactos en la fecha de publicación, ni el autor, ni los editores, ni el editor pueden aceptar responsabilidad legal por errores u omisiones que puedan hacerse. El editor no hace ninguna garantía, expresa o implícita, sobre el material contenido en este documento.

Diseño de portada:
Edicion: Fatma Igueziri
Produccion de Ebook:
Formateo de Libro Impreso:

Dedico este libro a mis hijos; Sebastian, Gaston y Celeste por su apoyo tanto a mí como a mi negocio. Apesar de ser una madre enfocada en su negocio, han conseguido ser magníficos humanos.

¡Ojalá sepan lo mucho que los amo y aprecio su apoyo!

A los que considero mis modelo q seguir por ser mujeres integrantes y trabajadoras; " Mi mamá, Gladys Borda y mi abuela Olga Mezquita."

CONTENIDO

PREFACIO

¿Usted busca un negocio fácil de empezar y gestionar?

¿Un negocio muy ventajoso que está enalta demanda y sale a medida del deseo?

¿Usted es padre o madre que necesita un trabajo flexible?

¿O un estudiante cuyo objetivo tener su propio negocio para ahorrar más dinero?

Pues este libro le enseñará paso a paso cómo elegir su nombre, el uniforme, los productos y el equipamiento. Y sobre todo, cómo conseguir sus primeros clientes, y cúanto se cobra, incluso cómo ordenar su calendario.

Os propongo un negocio de limpieza de casas fácil de empezar y de alta demanda.

Además, les mostraré qué técnicas apliqué para entrar a mi mercado.

Sin olvidar, que este libro lo creé basándose en la idea de un solo eprendedor/a. Le ofrezco como bono una sección que le enseñará resolver conflictos que usted podrá enfrentar más adelante.

Și usted siga minuciosamente las instrucciones de este libro, le aseguro tener su primer cliente en una semana.

Al abrir su propio negocio de limpieza usted exprimentará un sentimiento único de satisfacción.

NOTA: si le gusta este libro, deja una recomendación en Amazon. Y compartelo con otras personas en los redes sociales, si usted lo ve útil.

AGRADECIMIENTOS

A las siguientes personas; les debo mucho, no sólo me apoyaron para que este libro salga a la luz, sino también para que mi negocio nazca:

A los instructores y al personal del Suazo Center for Business Development and Entrepreneurship. Gracias a su apoyo y dedicación aprendí cómo construir mi negocio en una fundación sólida. Pese ser una estudiante en aquel entonces, siempre estuvieron ahí para ayudarme.

A Roger & Mimi Beattie del LDS Self Reliance Program. Han sido unos mentores espectaculares, con un interés genuino en sus estudiantes y siempre dispuestos a ayudar

A Jenn Foster de Elite Online Publishing por introducirme al mundo de la auto- publicación y compartir indiscriminadamente de su vasto conocimiento.

EL PORQUÉ DE ESTE LIBRO

Para comenzar les quiero decir que mi nombre es Susana Perez y soy originaria de Uruguay, y vivo hace casi 20 años en los EE UU.

¿Por qué decidí empezar un negocio de limpieza? Debido a varias razones. La primera entre todas la crisis sanetaria que estamos viviendo (coronavirus). Puesto que aun no tenemos una solución perfecta para ello, sino mantenernos higiénicos y limpios y alejados de la gente. La segunda, ser independiente, o sea, ser mi propio jefe para que pueda trabajar el horario que me conviene y servir las personas que me caen bien.

La tercera, es ganar lo que de verdad vale mi trabajo. Sin duda, mi expriencia me enseñó muchas cosas tal como; gestionar bien un negocio, resolver disputas, servir a los clientes y la contaduría básica sobre leyes e impuestos, etc;

Siempre he trabajado en servicio al cliente, pero en el 2012 cuando mi hijo Gaston fue diagnosticado con Diabetes Tipo 1 (Diabetes Infantil); de ahí dije:"Necesito un trabajo que me permite manejar mi horario, para que pueda tener un día libre para las citas del médico.Y que gane lo suficiente para mí y mi familia; ya que soy madre soltera con 3 hijos". Desde entonces decidí iniciar un negocio de limpieza.

Antes, trabajaba de Lunes a Viernes de las 8 a.m hasta las 5 p.m. Me presenté a una compañia de limpiezas, con el fin de conseguir un trabajo los fines de semana y algunos viernes (que pedí como vacaciones a la empresapor la que yo trabajaba). Al inicio no sabía limpiar profesionalmente, pero sabía que puedo aprender. Tampoco sabía nada ni de cómo correr un negocio ni de la industria. Pero por ser bilingüe, me pusieron como Team Manager. Jaja! Pobrecitas las chicas, me tenían que enseñar todo y yo de líder. Pero así aprendí lo de limpiar, lo del servicio al cliente, y lo de la oficina.

Después de 3 meses me dije; Esto lo puedo hacer. Así abrí mi negocio.

Hice varias investigaciones sobre la industria. En el mismo tiempo, tomé un curso de 3 meses de cómo empezar y correr mi pequeña empresa. Después de 5 años, me propusieron vender mi negocio _no puede renunciar_ y lo vendí. Y ahora estoy haciendo otra cosa. ya que lo aprendido no cambiará para nada.

Por eso, le recomiendo este libro si tu meta es tener su negocio de por vida, o hacerlo crecer para venderlo, y luego empezar otro.

CAPITULO 1

SU OFICINA

Lo más probable es que usted empiece su negocio desde su casa. Y es normal procurar gastar lo menos posible.

Por ello, reserva una habitación o una sección de su casa donde poner un escritorio para su computadora y impresora.

Dedica un espacio para sus productos de limpieza y el resto de las herramientas.

Efectivamente, no se necesita nada lujoso, pero sí ordenado para acceder rapidamente a los productos. Y poder tomar ordenes fácilmente por teléfono.

¿Qué tipo de calendario necesito?

Usa una agenda o un calendario común, o su teléfono. Yo prefiero usar el de Google, lo tengo en mi computadora y teléfono y lo puedo acceder cuando lo necesito.

Teléfono Inteligente

Para poder acceder a los mapas, llegar a las citas a tiempo, comunicarse con los clientes vía texto por și acaso haya retraso por (sea por tráfico o por otra razón.) O un cambio en el horario, o para avisar al cliente de algun fallo.

Les recomiendo tener siempre el móvil a su disposición. La verdad me ha ayudado mucho para tener una buena comunicación con el cliente. Así usted podrá protrger tanto al cliente como a símismo.

Internet

usted lo va a necesitar para poner anuncios, comunicarse con los clientes, enviarles los contratos. O para imprimir volantes o tarjetas de agradecimiento. También, sus hojas donde anotar la información del cliente, su dirección y cuando hay que dar un estimado. Incluso, para revisar sus pagos por Paypal,o hacer su contaduría y mantener sus registros.

Una Estantería

Le aconsejo tener una estantería o un rincón en su casa donde usted organizará todos sus productos y herramientas. Es importante tenerlo ordenado, eso le ayudará a estar al tanto de qué tienes que comprar.

Equipo de Oficina

Usted necesitará papel, impresora con tinta, tijeras, engrapadora, boligrafos, una carpeta donde almacenar sus archivos o caja.

CAPITULO 2

EL NOMBRE DE SU NEGOCIO

¿Cúales la importancia del nombre que elija? Pues es muy importante en cuanto al éxito de su negocio. El nombre adecuado puede ser un tema entre tu comunidad, el equivocado puede llevar su negocio por senderos oscuros. Idealmente, el nombre que usted elija debería inspirar experiencia, valor, e individualidad sobre el servicio que se ofrece.

Algunos expertos creen que los mejores nombres son los abstractos; una hoja en blanco donde crear la imagen de su negocio. Otros creen que el nombre debe ser informativo, de esta manera los clientes sabrán inmediatamente de que se trata su negocio y qué tipos de servicios han de esperar.

En realidad, cualquier nombre que se elija estará bien şi usted prepara su publicidad e imagen de su negocio inteligentemente.

En efecto, se puedes recourir a profesionales. Los precios para nombres de negocios pueden variar desde $50 a miles de dólares.(dependiendo la industria)

Comienza por decidir qué comunicar a través del nombre. Debería reforzar los principios de su negocio.

Normalmente, el nombre de su negocio expliqaría en qué consiste. Al dar prioridad a palabras reales sobre la combinación de palabras o palabras fabricadas, sus clientes se relacionarán con su negocio fácilmente.

El otro lado de la moneda es poner un nombre demasiado

genérico o con menciones de la Geografía de su entorno. Și usted pone el nombre de su ciudad, por ejemplo, sería difícil expanderlo a otras ciudades.

Es mejor enfocarse en el "servicio" que se ofrece que en su localidad.

Mantén los siguientes consejos en mente al elegir ;

- Elige un nombre atractivo no solo a tí, sino al tipo de cliente que usted quiere atraer.

- Elige un nombre que trae a la mente memorias de tranquilidad y confort.

- Evita los nombres largos o confusos.

- Evita nombres graciosos que sólo usted entienda.

Despúes de haber elegido 4 o 5 nombres trata de buscar nombres registrados (trademark search), busca en Internet o en el departamento de comercio. Tal vez alguien lo usó antes, o se parece a otro nombre de la competencia.

CAPITULO 3

EL LOGOTIPO

¿Tal vez usted preguntará, paraqué necesito un logotipo? En realidad no es indespensable tenerlo, pero yo personalmente les recomiendo crear uno. Por que su compañía parecerá legítima y le separa de la competencia.

Aquí expongo algunos de los que yo misma he diseñado;

Bella Casa Cleaning Services, LLC

The Queen of Chores, LLC

Susy's Maid Services, LLC

Como ven, son logos sencillos, que claramente identifican de qué se trata el negocio. Hay miles ideas en Internet. Sólo le sugiero no usar la misma imagen que otros usan. Por ejemplo, he visto en los clasificados 4 anuncios con la misma imagen de una mujer con un plumero y un balde. Y eso confunde a la gente. Ya que usted quiere sobresalir de la multitud y llamar la atención de su cliente.

Seguramente le ocurrió esta pregunta : "¿Pero dónde consigo un logo?" ¡No hay que preocuparse! Exsisten sitios en Internet donde se puede ordenar un logotipo por poco dinero. Esta 99.designs donde usted puede decir qué tipo de logo le conviene y varios diseñadores compiten por su negocio. Le presentan varias ideas, y cuando usted elige su logotipo, ha de pagar $199.

Les propongo el sitio fiverr.com donde ustedes pueden conseguir un logotipo por sólo $5. Gracias a ofertas de diseñadores , usted podrá ver las recomendaciones de clientes que han utilizado sus servicios antes. Es verdad que hay otras opciones más avanzadas que cuestan más. Pero se puede obtener un logotipo de buena calidad por sólo $5 .

También, se podrá conseguir un logotipo con la ayuda de varias personas elegiendo el que le gusta más. Al final, son sólo$5 así usted ahorrará más dinero.

CAPITULO 4

UNIFORME

¿Pero se necesita un uniforme para limpiar casas? Yo diría que sí. No solamente le presenta de manera más profesional, sino también le separa de la competencia.

No abstante, hace falta tener una ropa limpia y arreglada, y llevar el mismo uniforme cada vez se presenta a sus citas, porque esto da la impresión de continuidad y consistencia en su servicio.

Como zapatos, les recomiendo unas zapatillas de tenis.

Es mejor llevar zapatos de todos los días al ir a la casa de su cliente, y cambiarlos al llegar por unos zapatos tenis de color blanco.

De esta manera no traemos nada de afuera para los pisos de la casa. Tierra, barro, polvo, etc. Como resultado, su trabajo se hará fácilmente, y su cliente pensará que usted se cuida bien de su propiedad. Y de esta manera se evita usar cobertores para zapatos, que a veces los clientes requieren. Pero yo por cuestión de seguridad no los aconsejo.

Recomiendo un delantal o mandil como este;

Mantendrá su ropa limpia, le dará una presentación más profesional, y en los bolsillos se puede llevar cosas que necesitamos como bolsas, guantes, llaves, etc.

Bajo el delantal/mandil usa una camiseta polo o un T Shirt. Recomiendo que sea blanca o del color de sus pantalones para mantener una buena imágen. Le recomiendo comprar unas cuantas para que usted pueda cambiarse (siempre tener una limpia extra) por si acaso tenga un accidente como una salpicadura de café.

Ahora en cuanto a los pantalones. Les recomiendo pantalones que sean de color kakis, azul, negro o café.

Elige el color que mejor combina con su logotipo.

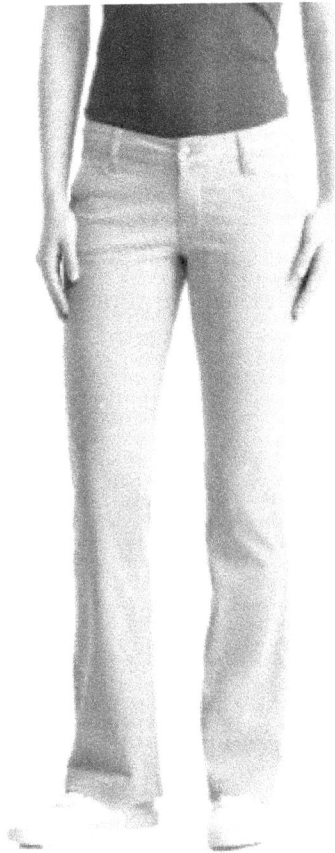

NO USAR; jeans, shorts, leggings, pantalones de deporte o de Yoga.

Queremos siempre tener una imagen profesional, prolija, y respetuosa. Recuerda que usted trabajará en casas de otras personas y muchas veces estarán en la casa. Por eso es importante tener una imagen modesta y presentable.

Un uniforme le dará autoconfianza y seguridad, también una buena impresión desde el primer encuentro con su cliente.

Y no tiene que ser caro, ni tener su logotipo. Aunque más adelante se puede mejorar cuando usted tenga más efectivo para invertir en su compañía. Estas prendas se pueden encontrar fácilmente en internet o en tiendas locales.

Guantes

éstos se pueden comprar por precio bajo en tiendas locales o farmacias en forma de caja que contienen 100 unidades. Por seguridad verifica la matería, y procura comprar uno al que usted no tenga alergía.

Cabello

Si usted es un hombre; hace falta tener el pelo corto u arreglado prolijamente, y afeitar todos los días.

Si usted es una mujer y tiene el pelo largo, ponlo en una cola de caballo, un moño, una vincha u otra manera en la que no moleste su cara y sus brazos. Esto por seguridad suya, y para tener una mejor vista de su entorno cuando al limpiar.

Recuerda ordenar o comprar su uniforme antes de empezar su trabajo. Y guarda los recibos porque se pueden contar como gasto del negocio a la hora de pagar sus impuestos. *Para esto siempre consulta a un contador o su agente de impuestos.

CAPITULO 5

SU VEHÍCULO

Su vehículo es importante tal como su uniforme. Y no estoy diciendo que su vehículo debe ser caro. Sino que no esté sucio, con un vidrio roto, y cinta de construcción en su ventana.

Usted ha de pensar ¿Qué imagen estoy presentando a mi cliente?

Pues si, ellos van a pensar que usted ni siquiera cuida a sus pertenencias, cómo será el caso en cuanto a sus hogares.Y por supuesto su imagen es 100 % su responsabilidad.

Recuerda que estacionará su vehículo en frente de la casa de su cliente. Esto significa que está expuesta también a los vecinos. Quienes podrán ser unos clientes potenciales.

Busca en su alrededor, tal vez usted encuentre un lavadero de autos por $15-$20 dólares. De esta manera usted mantenga su imagen de limpieza y prolijidad.

¿Cómo usted acomoda sus herramientas y productos de limpieza y en su auto? ¿Están acomodadas prolijamente o están dando vueltas dentro de tu auto? Recuerda que usted no quiere perder tiempo buscando por todas partes.

CAPITULO 6

PRODUCTOS Y EQUIPOS DE LIMPIEZA

Ahora hablemos de productos de limpieza. Os elegí los más necesarios según mi expriencia.

Aquí figuran algunos de mis productos favoritos y herramientas que uso:

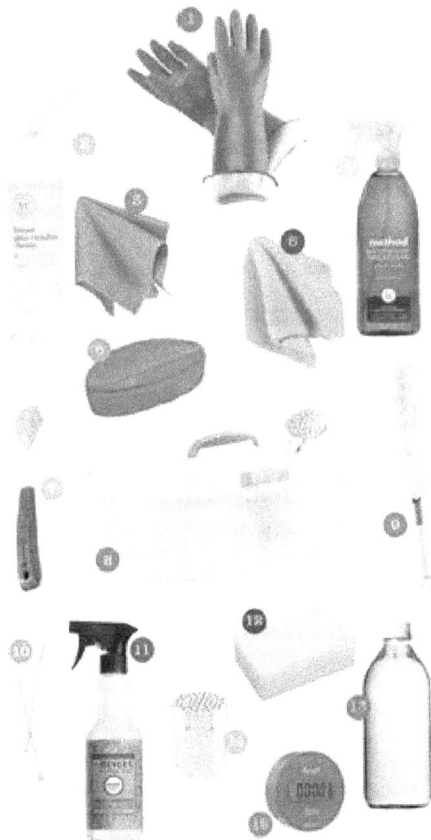

1. Guantes
2. Limpiador de vidrios (Tambien uso Windex)
3. Franela para limpiar vidrios (también uso toallas de papel)
4. Producto para muebles de madera
5. Franela de microfibra (para muebles y también electrodomésticos de acero inoxidable)
6. Cepillo para pelusas (o pelos de animales).
7. Cepillo de dientes (para los lugares difíciles de alcanzar).
8. Canasta para cargar los productos
9. Plumero
10. Bastoncillos de algodón
11. Productos Method
12. Magic Eraser (esponja quitamanchas)
13. Vinagre
14. Bicarbonato de soda
15. Un timer o se puede usar su teléfono si usted quiere poner un producto y dejarlo reposar por cierto tiempo.

Otros productos y herramientas que no están en la imagen;

Mop de microfibra. Este es de Rubbermaid, es mi favorito. Es fácil de usar y tiene para cambiar entre la pieza para desempolvar y la de mopear (o trapear). Se puede encontrar en tiendas Lowes o en su página de internet.

También baldes, dos serán suficientes.

Una escalera de 2 escalones. Para alcanzar lugares como encima del refrigerador o la ventana que está encima de la pileta de la cocina. Por razones de seguridad, no recomiendo una escalera más alta que está. Consejo; no subirse a muebles o mesadas para limpiar. Es peligroso y puede dañar los muebles del cliente.

Plumero con extensión. Para alcanzar lugares altos como ventiladores o esquinas;

Mi aspiradora preferida; Sensor S12. ($750) Es una aspiradora comercial. Es un poco cara y no la recomiendo para empezar, pero si quiere trabajar por años, esta es la aspiradora que le recomiendo comprar tarde o temprano.

Otra opción es esta aspiradora. Es de buena calidad aunque no dura tanto como la otra y tiene el cable más corto (un cable largo es algo bueno, ya usted verá que le permite alcanzar más distancias sin tener que volver a desenchufarla y perder tiempo buscando un enchufe).

Shark Navigator NV 402

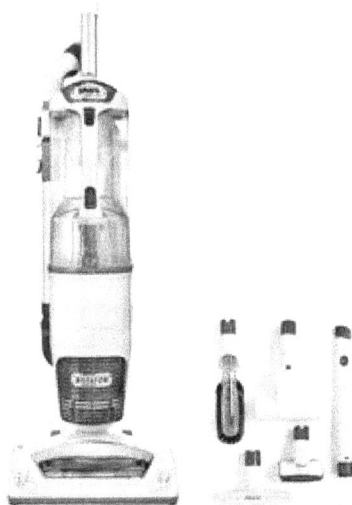

Otras cosas necesarias;

- 3 o 4 esponjas (utiliza diferente color para diferenciar las de la cocina con las de banio)

- Pulidor en polvo

- Toallas de mano blancas (las más que puedas). La idea es que estén limpias y dobladas cuando llegues a la casa del cliente para mejor presentación. En cuanto pierdan su blancura, tiralas y usa otra.

- Una hojilla (blade) para sacar cosas como pegotes en ventanas o agua dura en las piletas

- Toallas de papel

- Bolsas de basura (grandes para basura de la cocina y transparentes para las papeleras)

- Escoba y pala

- Para pisos de madera yo amo los productos Bona (puedes pedirle al cliente que los compre). Son ecológicos e hipoalergénicos y no dejan un residuo en la madera. Otra opción es el jabón para pisos de madera Murphy.

CAPITULO 7

SEGURO CONTRA ROBO, ACCIDENTES Y OTRAS REGULACIONES

El Seguro contra robo se llama Bonding. Se paga una vez al año, yo pague $100 la última vez y le cubre si hay un robo en la casa de un cliente.

Este bonding es solamente para tí, si llevas a alguien más y falta algo de la casa, la otra persona no cobrará nada. Tiene limitaciones; la primera, la cantidad que cubre (el mío cubría hasta $5000) y sólo lo pagan si le han acusado y cuando es comprobado que usted era quien llevó el artículo que falta. Pero para más datos específicos, consulta con su agente de seguros.

Esperemos que esto nunca le pase, pero para tener más tranquilidad con el cliente, es mejor tenerlo. Un consejo; nunca usted diga que lo tengo si no es verdad.

 Lo mismo pasa con el seguro contra accidentes. Yo pagaba unos $500 al año y creo que me cubría por $100.000 por accidente. Supongamos que se le rompa un jarrón, o se daña un piso de mármol con un producto acídico (eso le puede costar miles de dolares así hay que tener seguro). Como precaución, yo NUNCA llevé cloro a las casas, sólo productos ecológicos y nada con limón o vinagre (al menos que sea una especificación del cliente para limpiar algo específico). Imagínense volcar unas gotas de cloro por accidente en la alfombra o carpeta. Tendrían que reemplazarla y le puede costar desde cientos hasta miles de dólares. Y ni se nombre baños con piedra natural, eso se mancha y hay que reemplazar la pieza entera.

Por eso al visitar por primera vez SIEMPRE pregunta si son de mármol o piedra natural. Anotalas en su hoja de estimado. Como ilustración le muestro la mía. Ahí se puede poner todos los datos del cliente, de la casa, por ejemplo: "pisos de madera", "acero inoxidable en la cocina", "quiere vinagre en los vidrios", si tienen mascotas, dónde van a dejar la llave o si le dan un código de acceso u otra nota que le ayude a dar un mejor servicio. Es muy importante tomar notas, porque no sólo se limpia sino también están cuidando la casa y propiedades del cliente y eso es de suma importancia.

Para terminar con lo de seguros y bonding, yo diría que es necesario consultar su agente de seguros porque los requisitos se varian depende del estado..

También, hay que registrar su negocio en el departamento de comercio y su ciudad.Ya que hay una tarifa en cada uno de ellos y varía depende de donde usted encuentra. Esto es muy importante a la hora de hacer sus impuestos, y para dar una legitimidad a su negocio.

Consulta con su estado, su ciudad o la persona que hace sus impuestos. También, si en su ciudad hay servicios gratuitos para pequeñas empresas.

CAPITULO 8

LA IMAGEN DE SU COMPAÑÍA

Ya hemos hablado de la importancia de tener una buena presentación tanto en su persona, como a su auto y sus productos y equipamiento. También, es importante la manera en la que usted presenta su negocio. Ya que usted no es solamente la persona que limpia casas, sino que tiene y corre un negocio.

Le voy a dar varios ejemplos. Ya les he mostrado la hoja con la que se toma la información la primera vez que usted se reuna con el cliente. Eso ya es un buen comienzo. El cliente le verá como alguien profesional, organizado y que se interesa a los detalles.

Aquí le muestro ejemplos clasificados que puse en grupos de Facebook, Craiglist y también los clasificados del canal de noticias de mi ciudad. Se nota que son simples, prolijos y dan la impresión que queremos que los clientes disfruten de su tiempo libre porque nosotros estamos para ayudarles.

Le recomiendo invertir su tiempo haciendo publicidad por internet porque su negocio alcanzar a más personas . Porque pasar volantes lleva mucho tiempo, y cuesta más, y da muy bajos resultados.

Es mejor hacer tarjetas o volantes y repartirlos a sus CLIENTES así podrán recomendar a sus amigos y familiares. ¡Deja que ellos hagan su trabajo!

Le muestro algunos de los anuncios que usé en las redes sociales;

WHO HAS TIME FOR CLEANING?

I DO!

CALL NOW FOR A FREE ESTIMATE!

En esta imagen evocamos lo que el cliente quiere; tiempo libre para hacer lo que le gusta o para pasarlo con sus seres queridos.

Dice; "¿Quién tiene tiempo para limpiar? Yo! Llame ahora para un Estimado gratis"

Și usted hace algo parecido, intenta no olvidar de incluir su número de teléfono (yo removí el mio).

NEED HELP CLEANING?

CALL US NOW FOR A FREE ESTIMATE

THE QUEEN OF CHORES, LLC

"¿Usted Necesita ayuda con su limpieza? Llamanos para un Estimado gratis!"

Esta última imagen es de una tarjeta de regalo. Yo las cobraba por $100, y valían por un máximo 4 horas de trabajo. Los clientes las compraban se lo regalan a sus mamás, esposas o amigos.

Después la persona que lo recibe me llama y le doy una cita.

Lo bueno de esto es que en el día de la madre o Navidad se venden muchas, y sorprendentemente un 10 o 20% de ellos nunca llaman para hacer la cita. No sé si es que lo aceptan por compromiso pero nunca tienen la intención de llamar, o no sé cúales la razón. Pero de todas maneras, usted recibe su pago por adelantado.

CAPITULO 9

PÁGINA WEB Y OTRAS HERRAMIENTAS

Personalmente, creo que es bueno tener una página web. Aunque no tenga más función que dar información de su compañía, los servicios que ofrece, y su número teléfono por supuesto. No hay que ser un diseñador para crear una página. Hay muchos sitios que se pueden usar sin entrenamiento. Como wix.com o wordpress.com. Ahí tienen ejemplos de páginas web que usted pueda utilizar para crear la suya.

O puedes pedirle a alguien de su familia que lo haga, muchas veces los jóvenes son muy hábiles en todo lo que tiene que ver con internet. O si usted conoce a alguien que haga ese tipo de trabajo, tal vez pueda aceptar sus servicios de limpieza a cambio de una página web.

Eso le servirá para difundir sus anuncios, volantes o tarjetas. Y le pondrá por delante de la competencia. Y mejorará mucho la imagen de su compañía.

Si usted o su diseñador sois hábiles, podéis agregar otras herramientas a su página web para facilitar su trabajo, tal como pagar por Paypal o tarjeta de crédito. Incluso,se puede poner un calendario donde los clientes mismos pueden hacer sus propias citas de acuerdo tanto a su tiempo como al de su cliente. Ellos pueden seleccionar otros servicios por los que usted cobrará separado (como heladera, horno, ventanas, etc). Eso le dará más oportunidades de vender más servicios y hacer más dinero.

También, le dará la oportunidad de presentar sus regulaciones y políticas de su compañia. Si usted no lo hace en su contrato, de esta manera usted protegerá tanto a tí como a su negocio.

CAPITULO 10

REGLAS, REGULACIONES Y POLÍTICAS

ATENCIÓN: Éstas están en Inglés, porque fueron escritas para una página web en los EEUU, y todo lo que tiene que ver con un contrato legal debe ser escrito en el lenguaje en el que la ley fue escrita. Consulte un abogado para ver si puede utilizar las mismas que yo utilize. Yo voy a presentar la traducción para que se sepa lo que dice, pero tenga en cuenta que no soy un traductor profesional, y si cometo errores no son intencionales y no me hago responsable de su interpretación o de cómo esta información es utilizada por otras personas.

Esto depende mucho de usted y del clase de negocio que quiere, y también de su estado y ciudad. Estos datos han de estar presentes y explicadas claramente en su contrato y/o sitio web.

Hay personas que temen tener un contrato y luego espantar al cliente y perderlo. Déjame decirle algo, prefiero mil veces perder un cliente, que servir uno que no me pague sin poder hacer nada por no tener un contrato. Si me preguntan el por qué de un contrato, yo les digo que es una manera de proteger a ellos y proteger a mí misma y mi compañía. Y eso es suficiente paraque ellos entiendan. Porque hoy en día se usa casi para todo un contrato.

Ahora le voy a mostrar mi ejemplo de contrato, y las políticas y regulaciones que mi compañía tenía. Usted las puede utilizar, ajustar según sus necesidades o dejarlas tal como están. Tenga en cuenta que yo no soy un abogado y usted debe consultar uno para asegurarse de que se aplican a su negocio, ciudad y estado.

Contract for Cleaning, Housekeeping, and/or Janitorial Services

This contract is made between _____, (hereafter known as the Client) and The Queen of Chores, LLC (hereafter known as the Contractor). The Client desires to have certain cleaning, housekeeping, and/or janitorial services, described below, and performed upon the Client's premises located at

_____.

Therefore, the parties hereby agree as follows:

1. Client shall grant Contractor access to the yard and its surroundings during regular business hours and other mutually agreeable times. If we are locked out of your home we must charge a $25.00 fee. This fee is used to compensate your housekeeper for drive time and expense.

2. Client shall pay Contractor $_____(initial) and_____ (Weekly/Biweekly/Monthly/PRN). Due at time of service.

3. Services to be performed by Contractor include vacuuming of carpets and rugs; dusting and polishing of furniture and decorations; cleaning of bare floors, kitchen appliances, bath tub and/or shower stall, toilet, sinks, and water fixtures; and removal of trash from interior trash containers to outdoor Dumpster or other disposal container located on Client's premises.

4. Services rendered are in the form of (select one): a) Regular Housekeeping b) Move in/out c) Post Event d) One time only cleaning.

5. Contractor shall begin performing services on .... /...../...... Thereafter, services shall be performed on a schedule to which the parties agree.

6. Either party may terminate this agreement with written notice to the other party. Any payment for services rendered owed by Client shall be due and payable at the time this agreement is terminated.

7. A 48 Hour Cancellation notice is required if you will not be keeping your reservation.
If you cancel within 24 hours the first time, you will be charged $45 and we will require a credit card to secure your next appointment. If you cancel within 24 hours for any future appointment, your credit card will be charged 100% of your scheduled service.

In witness to their agreement to these terms, the Client and Contractor affix their signatures below:

_____

Client's signature, printed name and date

_____

Signed by Susana Perez for The Queen of Chores, LLC

Ejemplo de contrato.

CONTRATO DE SERVICIO DE LIMPIEZA (Traducción)

Este contrato se entre... (de aquí en adelante nombrado como el cliente) y nombre de su compañía (de aquí en adelante nombrado como el contratista).

El cliente desea tener ciertos servicios de limpieza descrito abajo en la dirección

....

(dirección del cliente o lugar a limpiar).

De acuerdo a esto las partes acuerdan que:

1. El cliente permitirá acceso a la propiedad al contratista dentro de las horas acordadas. El fallo de hacer esto incurrirá un cargo de $25. Este cargo sirve para compensar a su limpiador por el tiempo invertido y distancia recorrida.

2. El cliente pagará al contratista la cantidad de $.......... (limpieza inicial) y $.... (semanal, cada dos semanas/mensual). El pago ha de cobrarse en el momento del servicio.

3. Servicios proveídos por el contratista serán aspirado de alfombras y carpetas, desempolvado de muebles, adornos, limpieza de pisos, electrodomésticos de la cocina, bañera, ducha, toilette, pileta, limpieza de llaves de agua, remover la basura y sacarla al contenedor localizado en la propiedad del cliente.

4. Los servicios contratados son en la forma de (elegir uno); a) Limpieza general b) Mudanza c) limpieza después de

un evento d) servicio de una sola vez.

5. Los servicios comenzarán en la fecha .... /..../.... Los servicios continuarán de la manera acordada.

6. Cualquier parte puede terminar este contrato en cualquier momento. Cualquier dinero que se deba al contratista se deberá pagar en ese momento.

7. Un aviso de 48 horas es requerido para cualquier cancelación. Si se cancela dentro de las 24 horas de la fecha acordada, se le cobrará $40 a su tarjeta. La próxima vez, el monto total del servicio será cobrado.

De acuerdo a estos términos las dos partes firman debajo;

Firma y fecha

Estas son las políticas y condiciones que puse en la página web de mi compañía;

Terms: By accessing this web site, you are agreeing to be bound by these web site Terms and Conditions of Use, all applicable laws and regulations, and agree that you are responsible for compliance with any applicable laws of the governing state. If you do not agree with any of these terms, you are prohibited from using or accessing this site. The materials contained in this web site are protected by applicable copyright and trade mark law.

Términos; al usar esta página web, tu te sujetas a los términos y condiciones de uso, todas las leyes aplicables y regulaciones, y estás de acuerdo en cumplir con todas las leyes del estado que la gobierna. Los materiales contenidos en esta página web están siendo protegidos por las leyes de marca registrada.

100% Satisfaction Guarantee: We do our best to meet or exceed your expectations. If you're not satisfied with the job we did, please notify us within 24 hours of service completion, and we'll return and complete the job to your satisfaction. Unfortunately, we don't do refunds, we only do re-clean.

Satisfacción Garantida al 100%: Hacemos lo posible para exceder sus expectativas. Si no está satisfecho con el trabajo realizado, favor de notificarnos dentro de las 24 horas del servicio recibido, y nosotros regresaremos y completaremos el trabajo a su satisfacción. Desafortunadamente no hacemos devoluciones, solamente limpiamos de nuevo.

Good Communication: The best way to assure that you receive excellent service, is to let us know how you'd like us to improve or what you'd like done differently. Feel free to call or email us at any time, and we'll make sure that your concerns and requests are taken care of.

Buena comunicación: La mejor manera de asegurarnos que usted recibe un excelente servicio, es el hacernos saber si le gustaría que mejoraran algo, o qué hagamos algo diferente. Contactenos vía correo electrónico o teléfono en cualquier momento, y nos aseguraremos de atender sus inquietudes.

Do I need to provide the cleaning products? We bring our own cleaning supplies but please let us know if you have any special requests and we would be happy to accommodate you if possible. Alternatively, we can use green products if you would prefer. Please let us know if you would prefer green cleaning services so we can plan for this.

¿Tengo que proveer los productos de limpieza? Traemos con nosotros nuestros propios productos, pero por favor háganos saber de cualquier requerimiento especial y haremos lo posible por ajustarnos a ellos. Otra opción, es usar sus productos si así lo prefiere. Si prefiere productos ecológicos únicamente, por favor háganos saber para estar preparados al ir a su casa.

Preparation for Your Appointment: We don't require that you prepare for our visit by straightening beforehand. We do however ask that you may pick up. We don't put away clothes, shoes, paperwork or personal items.

Preparación para su cita: No requerimos que ordene antes de nuestra llegada. Lo que sí pedimos es que recoja sus cosas. No ordenamos ropa, papeles o efectos personales.

Payment: Payment (by cash, or online) is due in full at or before each service appointment. Please leave payment on the kitchen counter or table. If you forget one payment, please contact our office. Late payments may be assessed a 15% service charge.

Forma de pago: Pagos (en efectivo o electrónicamente) es esperado antes o el día del servicio. Favor de dejar el pago en la mesada de la cocina o mesa. Si se olvida de dejar el pago

Aquí quiero agregar que en caso de move-outs (limpiezas por mudanzas) solamente cobraba por adelantado y en efectivo o con tarjeta. Más detalles se encuentran en la sección de cómo cobrar.

Cancellations and Rescheduling: You're welcome to cancel or re-schedule with at least 48 hours notice. We plan our schedule ahead of time, and our Cleaners depend on the regular income of a full schedule. When you cancel on short notice, we still need to compensate our Cleaners fairly. When we schedule your cleaning job we reserve that time for you and you alone, and turn other business away. We charge a $40 missed appointment fee for late cancellations (24 hrs) or late re-schedules.

Cancelaciones y cambios de citas: Usted puede cancelar hasta un mínimo de 48 horas de su cita. Planeamos nuestro calendario por adelantado y nuestras limpiadoras dependen del sueldo de sus citas regulares. Cuando cancelamos a corto plazo, aún debemos compensar a nuestras limpiadoras justamente. Cuando reservamos su cita, guardamos ese tiempo solo para usted y rechazamos a alguien más. Cobramos $40 de multa por cancelaciones o cambios de cita en corto plazo.

Estimated Arrival Time: We'll give you an estimated window of arrival (half an hour). Our Cleaners will call/text to let you know if they're significantly off schedule (more than a half hour early or late). While we schedule for travel time, we can't control traffic conditions, and earlier clients' appointments may take more or less time than scheduled, or be cancelled.

Tiempo estimado de llegada: Le damos un tiempo de llegada, una ventana de tiempo de media hora. Nuestras limpiadoras lo llamaran o mandaran un texto si saben qué van a llegar más tarde o más temprano. Aunque planeamos acorde a el tiempo de viaje, situaciones como el tráfico, el clima, o citas previas están fuera de nuestro control.

Keys and Entry: You can either leave us a key, a garage code or other way of access. We charge a $40 fee if we're unable to enter the premises for a scheduled appointment (lock-out).

Llaves y acceso: Usted nos puede dejar una llave, un código de acceso al garaje, u otra forma de acceso. Cobramos $40 si no somos capaces de acceder a la propiedad en el momento de la cita.

Duration of Regularly Scheduled Appointments: The amount of time spent cleaning may vary somewhat from appointment to appointment. We charge you a set fee for your appointment and have an estimated time frame to complete the task. We will never charge you extra if we go over when performing tasks included on your cleaning plan. Please contact our office if you'd like to add or remove cleaning tasks. You're always welcome to prioritize tasks for your cleaner(s).

Duración de citas regulares: El tiempo que demoramos en limpiar puede variar de cita en cita. Le cobramos un precio fijo y tenemos un tiempo estimado para completar la tarea. Nunca le cobramos extra si pasamos el tiempo calculado al hacer aquellas cosas que están en su plan de limpieza. Por favor contacte a la oficina si desea agregar o quitar tareas. Usted puede dar prioridad a lo que desea.

Safety Precautions – Please do not ask our Cleaners to:

* Remove our shoes or use shoe covers.

* Use ladders other than the small two step ladder we provide, or climb up on any furniture. Our Cleaners carry extension poles to reach high areas.

* Lift or move heavy items.

* Clean up human or pet waste, blood or bodily fluids.

* Restrain or move an aggressive or barking dog. If your pet is aggressive or uncomfortable with strangers, please restrain her/him before our cleaner(s) arrive. Otherwise we may not be able to provide service, and you may be charged a late cancellation fee.

* Do laundry or dishes (unless it is an Airbnb).

* Do add-ons. Please contact our office if you need further services.

Precauciones de seguridad - Por favor no le pida a nuestras limpiadoras qué;

* Se quiten los zapatos o usen cubre zapatos.

* Se suban a una escalera otra que no sea la que proveemos o se suban a ningún mueble. Nuestro personal tiene sacudidores con extensiones para alcanzar objetos de altura.

* Levanten o muevan objetos pesados.

* Limpian desechos humanos, o de animales, sangre u otros fluidos corporales.

* Controle o sujete a un perro ladrando o agresivo. Si su mascota es agresivo o incómodo con extraños, por favor controle usted antes de que nuestro personal llegue. De otra manera no podremos efectuar el servicio y usted puede ser cobrado una multa de cancelación.

* Lavar ropa o platos (trastes). (A menos que sea una casa de renta).

* Agregar tareas. Favor de contactar la oficina si necesita otros servicios.

Tipping: Tipping your cleaner(s) is optional and always welcome. Tips may be given directly to your cleaner(s) or added to your fee.

Propinas: Dar propinas a las limpiadoras es opcional y muy apreciado. Le puede pagar directamente al personal o agregarlo a su tarifa.

Breakage/Damage or Suspected Theft: If something goes wrong we're here to make it right. Please let us know right away and we'll be there to take care of it. That's our promise to you!

As a side note; we don't clean antiques or one of a kind items. Please remove those out of the way, same thing with jewelry or valuables or keep them locked on the day of the appointment.

Daños o sospecha de robo: Si algo está mal estamos aquí para remediarlo. Por favor, háganos saber lo antes posible y nos haremos cargo. Es nuestra promesa a usted!

Tome en cuenta; no limpiamos antigüedades o cosas difíciles de reemplazar. Por favor, mantengalos en un lugar seguro y fuera de vista. Lo mismo con joyas o piezas invaluables, mantengalos en un lugar seguro.

Holidays: We don't provide service on the following holidays. If you have a cleaning appointment scheduled on these days, please call to reschedule.

Christmas Day (12/25)
New Years Day (1/01)

Memorial Day
Independence Day (7/04)
Labor Day
Thanksgiving Day

Feriados: no proveemos servicios en los siguientes feriados. Si su limpieza regular cae en un feriado, favor de contactar nuestra oficina para cambiarlo de día.

Navidad
Año Nuevo
Memorial Day
Dia de la Independencia
Dia del trabajador
Dia de Accion de Gracias

Las reglas y regulaciones dependen de usted. Tiene que tomar varias cosas en consideración, y sólo usted puede decir qué hacer. Haga estas preguntas para ver en qué condiciones quieren trabajar;

- ¿Cobrar por hora?
- ¿Cobrar por trabajo?
- ¿Hacer solamente limpieza?
- ¿Lavar ropa?
- ¿Hacer mandados?
- ¿Atender mascotas?
- ¿Move ins/ Move outs? (limpiezas de mudanzas
- ¿Limpiar para eventos?
- ¿Hacer limpiezas de una sola vez?
- ¿Trabajar los feriados?
- ¿Cobrar más por feriados?

- ¿Cuál es su horario?
- ¿Tiene referencias?
- ¿Limpiar ventanas?
- ¿Limpiar solamente casas o también oficinas?
- ¿Traer su propia aspiradora o usar la del cliente?
- ¿Usar productos ecológicos? (green)
- ¿Aceptar propinas?
- ¿Si me recomienda un amigo o familiar, recibirá un descuento?
- ¿Traer a otras personas a trabajar contigo o limpiar solo/a?
- Si estás enfermo/a; ¿Usted cancela?
- Si cancelo por una emergencia; ¿me cobraría una multa?
- ¿Qué sucede si se rompe algo cuando esté en mi casa?
- ¿Le va a hablar a otras personas de lo que hay y hacemos en mi casa?
- ¿Limpiar las mismas cosas cada vez o usted rota las tareas en cada visita?
- Trabajo en mi casa; ¿Le molesta que yo esté cuando limpias?
- ¿Usted es puntual?
- ¿Usted tiene miedo a los perros?
- ¿Usted es alérgico/a a los perros o gatos?
- ¿Le incomodan los niños?
- ¿Usted acepta tarjetas de crédito?
- ¿Usted ofrece una garantía en su trabajo?
- ¿Usted riega las plantas de interior?
- Si me olvido de dejarle el pago; igual limpiaría y me permitiría pagar después?
- ¿Usted hace limpiezas post construcción?

CAPITULO 11

TERRITORIO

El territorio elejido decidirá mucho el futuro de su negocio. Şi usted elija correctamente, verá los frutos. Sino, le costará mucho trabajo, y aveces comenzar de nuevo y reconstruir su negocio.

Por supuesto, hay que considerar su seguridad. Y no trabajar en vecindarios peligrosos. Puesto que, va a afectar su decisión, la escuela de sus hijos, o su otro trabajo si hay otro.

Unos ejemplos de unos errores costosos;

• Algunas personas eligen trabajar en su propio vecindario.

En cierta forma tiene sentido. Están cerca de su casa, conocen a sus vecinos y piensan que ellos le darán trabajo o lo recomendarán a alguien. Piensan en pasar más tiempo con sus familias.

Pero esta idea muchas veces resulta ser errónea. Cuando usted empiece un negocio tiene que hacer una evaluación del mercado y ver dónde están sus clientes. Donde viven las personas que contratan servicios como los que su negocio ofrece.

Por más que usted tenga buenas relaciones con sus vecinos, ellos no le darán trabajo necesariamente, poque no es así como lo elijan. No importa lo mucho que lo intente, ellos no van a contratar sus servicios a menos que lo necesiten.

• No tomar en consideración a su cliente perfecto.

Este punto está directamente relacionado con el anterior. El primer y más importante criterio al que le debes dar consideración es el número de clientes potenciales en el territorio que escogiste.

Si no hay suficiente personas de un ingreso anual determinado que continuamente usa sus servicios, su negocio es técnicamente una bomba de tiempo. Los costos van a ser más altos que las ganancias y no le quedará otra opción que cerrarlo.

Su cliente perfecto tal vez sea una persona de clase media, entre 25 a 50, trabajan 8 horas al día más 1-2 horas de manejo, 5 días a la semana, tiene un par de hijos y quiere que su casa tenga una atmósfera limpia, ordenada y relajada. Entonces su territorio perfecto será uno de un vecindario con casas de familia.

- Asumir que es un vecindario rico, o sea un buen territorio.

Elegir el territorio perfecto para su negocio puede ser agotador y llevará tiempo. Pero es importante no tomar una decisión a las apuradas solamente por impaciencia. El éxito de su negocio depende mucho de esto, pero hay que estar abierto a posibilidades.

El comienzo de su negocio tal vez usted tome todos y cada uno de los trabajos que se presenten, y está bien para tener una experiencia. A medida que pase el tiempo usted irá seleccionando los lugares donde prefiere trabajar y los que no.

CAPITULO 12

HORAS DE OPERACIÓN

Aparte de las horas de trabajo que Usted elige (ejemplo 9-5), tiene que considerar las horas en las que tomará llamadas, responderá mensajes, revisará su correo.

Al principio cuando no hay muchos clientes usted puede atender a cualquier hora, pero a medida que esté más ocupado/a es importante poner límites.

De esta manera usted puede atender su vida personal, como su familia o su tiempo de descanso. Y sus clientes aprenderán que tienen que planear de antemano si quieren hacer cambios consigo, en vez de avisarle el último momento así usted les puede cobrar una multa.

Según mi experiencia, nunca tuve que cobrar una multa. Porque lo dejé muy claro en mi contrato y en mi conversación con mis cliente que sólo cancelan el último momento si era por una emergencia. Y en ese caso no les cobraba, porque yo también soy humana y tengo mis emergencias.

CAPITULO 13

SOBRE LA LIMPIEZA Y MÁS.

En este libro le voy a dar ideas generales de lo que el cliente espera cuando contrata un servicio de limpieza, y mis sugerencias de como hacerlo. Además, les recomendaré trabajar para otra persona por un tiempo; Unos 3 meses o lo que usted crea necesario para aprender el trabajo.

Consejos de limpieza

Esta lista es detallada, le ayudará a hacer las cosas de una manera organizada, efectiva y reducirá la posibilidad de olvidar cosas. Así usted ahorrará tiempo.

1. Limpia de arriba hacia abajo, de atrás hacia adelante, y de izquierda a derecha (en forma de reloj).

   Trabaja de una manera organizada para no saltar nada. De esta manera las cosas se harán rápidamente sin tener que volver al lugares ya limpiados.

2. Ponga sus productos de limpieza en un lugar, y lleva consigo sólo lo necesario.

   Intenta no peder tiempo yendo de un lado al otro agarrando una esponja, la pala, o lo que usted necesite para esa habitación. Antes de comenzar hay que tener en su balde lo necesario para esa habitación.

Por ejemplo, al limpiar la cocina lleva una esponja, un par de franelas (blancas y de microfibra), jabón detergente, limpia vidrios, limpiador multiuso, pulidor, producto para acero inoxidable (si lo requiere), toallas de papel, para empezar.

3. Sacude/desempolva primero, aspira después.

   Comienza aspirando desde los objetos y estanterias más alta. Después pasa a los más bajos. Cuando sacudes el polvo se mueve y deposita en otros lados, últimamente en el piso.

   Por eso dejamos lo aspirado por último.

   En cuanto a la aspiración; aspira de la parte de atrás de la habitación hacia adelante. Asegura de aspirar la área donde usted ha estado por último.

4. Organiza su limpieza.

   Organiza su limpieza. Si la casa tiene 3 pisos, empieza por el sótano o el piso de arriba y deja por último la planta baja. Recuerda comenzar con las habitaciones de atrás, y la últimapara limpiar es la puerta de la entrada. De esta manera evita ensuciar lo limpiado.

5. Si hay problema, toma nota.

   Si hay situaciones que tienen que ser atendidas por el cliente, toma nota y hagalo saber. Un bombillo que necesita cambiarse, la aspiradora necesita una bolsa nueva, falta de papel higiénico o toallas. Comunica al cliente lo que usted ve necesario y no lo puede hacer.

6. Utiliza el producto adecuado para cada tarea.

Utiliza productos naturales o ecológicos lo más posible. No sólo es importante cuidar la salud de nuestros clientes y sus mascotas, sino también de la nuestra.

Prueba algunos y elige sus favoritos. Sólo gasta por los productos que le ayudan . Un desinfectante natural es vinagre, se puede mezclar con agua para limpiar mesadas y pisos.

8. Saca la basura

Saca la basura de cada habitación y reemplaza la bolsa. Usa bolsas plásticas para las papeleras, y blancas para la cocina. En la entrevista inicial, pregunta al cliente donde quiere que usted deje la basura cuando termine de limpiar.

Lista de limpieza

Lo que hay que limpiarlo en cada habitación.

Entrada/ Pasillos/Escaleras	Cocina
* Puerta de entrada (limpiar pegotes y huellas digitales)	*Estufa/cocina
* Limpiar o sacudir puertas de closets	*Ventilador para humo
* Pisos (aspirar o mapear)	* Parrillas

* Ventilador (desempolvar)	* Dentro del horno (generalmente se paga aparte)
* Desempolvar paredes, remover telas de arañas de las esquinas	* Puerta de la cocina/limpiar huellas
	* Placares por afuera
	* Lavaplatos por afuera
	* Microondas dentro y fuera
	* Refrigerador por fuera (por dentro generalmente se cobra aparte)
Sala, Comedor, Oficina	*Mesadas
	*Paredes limpiar huellas o salpicaduras
* Desempolvar paredes, remover telas de arañas de las esquinas	*Llave de luz, limpiar huellas
* Limpiar puertas corredizas (vidrios)	*Sacudir adornos/luces
* Ventilador/Luces	* Pileta
* Limpiar rejillas de ventilación	* Ventana encima de la pileta
* Aspirar/ Mopear	*Pantry piso, puerta, sacar basura

* Sacar la basura	*baseboards
Dormitorios	Baños
* Sacudir paredes y telas de arañas	*Bañera/ Ducha
* Closets limpiar huellas	*Pileta
* Puertas	*Toilet
* Espejos	*Gabinete de medicina (afuera)
* Sacudir estanterías	*Mesadas
* Sacudir ventilador y luces	*Jabonera
* Hacer las camas	*Luces
* Sacar la basura	*Puerta
*Aspirar o mapear	*Desempolvar paredes
	*Sacudir o aspirar alfombras
Lavandería	*Lavar paredes de azulejos
	* Mopear o aspirar
* Lavadora, sacudir o limpiar	* Espejos
* Secadora	*Basura

* Gabinetes, sacudir, limpiar huellas		* Reemplazar el papel higiénico si no hay más
* Mesadas		* Doblar toallas/ poner limpias
* Luces sacudir		
* Aspirar o mapear		
* Baseboards		
* Sacudir paredes y telas de arañas		
*Sacar la basura		
Ventanas		Patio/Balcon/Garage
		*Estos se pagan extra
* Limpiar vidrios (adentro)		* Barrer y Mapear
* Rieles		* Rieles
* Desempolvar cortinas		* Luces
*Limpiar marco		* Sacudir paredes y telas de arañas

Este libro también le ayudará para manejar su negocio y le enseña crear una relación con sus clientes. Por supuesto, el respeto, la cortesía, el profesionalismo, la puntualidad, la atención a los detalles, etc. este ética no se aprende de un libro. Pero imagino que usted ya tiene estas cualidades porque le interesa este libro. Aquí le voy a enseñar algunas cositas no sólo para hacer un muy buen trabajo limpiando, sino también paraque su trabajo luzca. Así, cuando su cliente llega a su casa pueda disfrutar de su casa después de un largo día.

Una cosa que aprendí mirando tutoriales de Youtube y a través de libros que compré, era hacer origami con papel higiénico y toallas para decorar los baños ahí donde realmente su trabajo luce, porque es un área en la que hay muchos detalles y llevan más tiempo y dedicación comparando con las demás habitaciones en la mayoría de los casos.

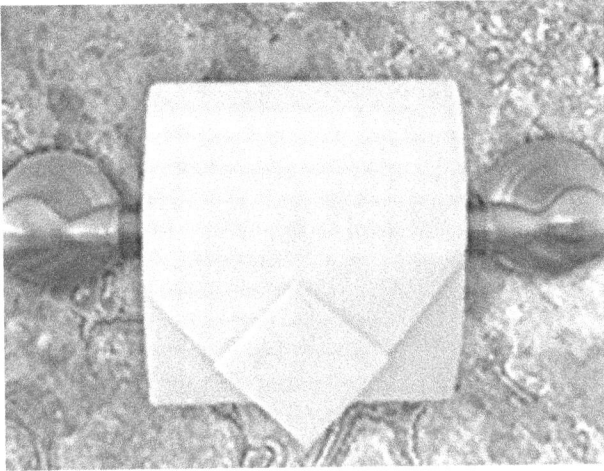

Estos ejemplos son muy fáciles de hacer y aprender, y le darán una presentación muy delicada y de atención detallada a su trabajo.

Como pueden ver abajo, yo les dejaba a mis clientes un pequeño regalo de agradecimiento por su preferencia. Y también se los pueden dejar con las toallas que acaban de doblar. No tiene que ser nada caro, usted lo puede encontrar en un tienda con descuento. Yo les dejaba cosas que se tratan de limpieza, o de cuidado personal. Por ejemplo, jabón de mano, desinfectante de manos, velas aromáticas, popurrí, etc. Asegura de qué son de aromas suaves, no fuertes en caso que alguien sufra de alergias o no tolere los olores fuertes. A sus clientes les va a encantar. Se lo aseguro.

 Prestamos más atención a las áreas de alto tráfico durante la limpieza y desinfección porque sabemos que llevarán más bacterias que los otros espacios.

Nuestros expertos en limpieza a vapor utilizan el proceso de extracción de agua caliente. Este procedimiento es asombroso para limpiar la suciedad incrustada más profunda y resistente, los gérmenes y las bacterias en los baños.

CAPITULO 14

CUÁNTO COBRA EL TRABAJO

Esta parte es la más difícil del trabajo. Pero es algo que se debe pensar antes de comenzar a trabajar. Primero le aconsejaría estudiar su mercado. ¿Cuánto cobra su competencia? ¿Por hora? ¿Por habitación? O por casa? Usted puede mirar avisos clasificados por el internet o incluso llamarles. Era eso lo que hice. En mi área cobraban entre $15 la hora (una limpiadora) hasta $45 la hora (dos limpiadoras). Yo comencé cobrando por hora $20 la hora. Hice una promoción de "Contraste 3 horas de limpieza y pague 2". De esa manera yo iba agarrando experiencia y empecé a llenar mi calendario con clientes regulares.

Otra promoción que corrí y que me dio un buen resultado; fue el regalar una limpieza de horno o refrigerador por cada limpieza (sólo para nuevos clientes o en la limpieza inicial). Los clientes necesitan sentir que están recibiendo extra servicios , ya sea con la limpieza "gratis" que nosotros podemos hacer, tal como cambiarle el agua al perro, regar las plantas, barrer la entrada y sacar las hojas.

Con el paso del tiempo decidí cobrar por casa (eso lleva experiencia, entre pruebas y más pruebas). Había veces que yo daba un precio muy bajo y terminaba trabajando por $15 la hora! Porque la casa estaba más sucia de lo que pensaba, o porque yo calculé mal el tiempo que me iba a tomar. Pero con experiencia decidí seguir cobrando por casa, y de esa manera me pagaban $100 por una casa, que yo la hacía en 2 ½ horas. Y si yo no estaba muy apurada, me tomaba mi tiempo. Total, no tenía a nadie controlando la hora. La verdad, cobrar un precio fijo por cada limpieza es más fácil para usted. Sobre todo al calcular lo que se gana cada día, cada semana y cada mes y será más fácil para el cliente saber qué ha de pagar cada día sin tener sorpresas de que un día tomé ½ hora más de lo normal.

Para los move outs/Move ins yo cobraba un precio fijo. $0.25 centavos por pie cuadrado. Ganaba bien en los move ins/outs, pero es mucho trabajo y hay que dejar la casa "rent ready", o sea tiene que quedar lista para que el próximo inquilino se mude.

Es una limpieza diferente, más detallada, se hacen los placares (closets), el horno, la heladera, detrás de la heladera, detrás de la cocina (estufa), detrás de la lavadora y secadora (si se pueden mover). Intenta no mover muebles o electrodomésticos si son más pesados de su capacidad física. Nadie le va a pagar si le lastima, ni el tiempo perdido fuera del trabajo si hay que tomar tiempo para recuperarse.

Pero muchas personas prefieren cobrar por hora por las siguientes razones;

- Es fácil sacar las cuentas.

- Cobrar por hora le permite precisar en su calendario el tiempo en que usted va a estar ocupada, y ver en qué el tiempo e estará libre.

- Cobrando $25 la hora es un precio justo y los clientes pueden incluirlo en sus gastos sin problemas. Verá que sus clientes van a recoger sus cosas, poner los platos en la lavadora, sacar la basura, etc. Para dejar que usted utilice su tiempo más apropiadamente en las tareas que ellos no realizan cada día.

- Cobrando $25 la hora le hará más fácil, el saber cuántos clientes usted sabrá cuantas horas a la semana necesita para pagar sus cuentas o cumplir sus metas financieras.

- Con ese precio se puede competir en cualquier mercado. Y și usted hace un buen trabajo, no le van a faltar clientes.

Le acabo de presentar 2 formas de cobrar a los clientes, prueba las dos y toma la que le resulte más efectiva, la más fácil para los clientes, y le da más ganancias.

CAPITULO 15

ESTIMADOS

Siempre es mejor dar un estimado en persona. De esta manera usted puede ver las condiciones del lugar. Cuántas personas viven ahí, cuántas mascotas, etc.

Sin embargo, a veces no es posible. Su horario no coincide con la disponibilidad del cliente. Muchos clientes potenciales quieren precios por teléfono o email.

Cuando yo empecé, sólo daba estimados en persona. Si me insisten por un precio por teléfono, les daba un Estimado de acuerdo a los pies cuadrados de la casa.

Mucho va a depender del cliente, a veces quieren conocer a la persona antes de tomar una decisión. O quieren mostrarle y explicarle cómo quieren que usted limpie su casa.

Si usted está muy ocupado/a con el trabajo, tendrá que dar los estimados por las tardecitas o los fines de semana. Si el cliente acepta un Estimado por teléfono, le ahorrará el tiempo, el viaje y podrá utilizar su tiempo libre como usted quiera.

Lo malo de las cuotas por teléfono es que usted puede encontrarse con una casa en muy malas condiciones y exceso de basura en el interior. En este caso le dices al cliente que va a costar un poco más.

Cuando se da un Estimado en persona es Bueno llevar sus tarjetas de negocios y una hoja o libreta donde tomar notas en cuanto a la casa.

Es muy importante el verse segura de sí misma cuando usted visite en la casa del cliente. Después de presentarse al cliente, y le das una básica información de ti y tu negocio, pídele al cliente que le muestre la casa.

Es una Buena idea preguntarle al cliente si tiene requisitos especiales. Preguntar si hay algún área que no desea que la limpies, o si necesita algo extra de lo que usted haya mencionado.

Cuando estamos caminando por las habitaciones aseguramos fijando bien en las duchas y los inodoros. A veces estas áreas llevan más tiempo al limpiar. Toma nota și es necesario un producto para remover sarro, u hongos.

Cuando le des al cliente el Estimado, dile que la primera limpieza (inicial) es un poquito más cara porque lleva más tiempo y trabajo. Las limpiezas regulares tienen un precio más bajo.

Estimados por teléfono

Cuando des un Estimado por teléfono, intenta obtener la mayor cantidad posible de información, y explica al cliente que es un precio Estimado para darle una idea de cuánto cobras.

Pregunta cuántos dormitorios, baños, qué tipo de pisos tienen, si tienen hijos chicos y/o mascotas, cuando fue la última vez que se limpió en profundidad. Si tienen ventiladores, un sótano (si quiere que lo limpies). La cantidad de pies cuadrados y los niveles. Eso le ayudará a tener una idea de cuánto trabajo será y el tiempo aproximado que tomará limpiar la casa. Haz lo posible por concretar una cita mientras tenga al cliente en la línea.

CAPITULO 16

CÓMO ELEVAR SU CONFIANZA EN SI MISMO/A

Tal vez usted es alguien muy experimentado/a en este tipo de trabajo, o tal vez no. Y si no es muy experimentado/a, le van a entrar las siguientes dudas;

- ¿Podré conseguir clientes?
- ¿Daré precios muy caros?
- ¿O demasiado baratos?
- ¿Qué tal si limpio y no les gusta?
- ¿Qué tal si rompo algo?
- ¿Pero cómo me convierto en un experto en limpiar casas?

En realidad es simple;

Limpiando una casa y otra casa, y otra casa...hasta que usted nota que se ha presentado en varias circunstancias, y ha sabido manejarlas. Pero también aprendiendo todo lo que usted pueda, de libros como éste, videos, y hablando con otras personas en la industria. Ya verá que la mayoría no tiene ningún problema en compartir sus secretos y experiencias.

Igual por más que usted aprenda sentirá que esté preparada. Se le va a romper la aspiradora, el cliente se va a olvidar de dejarle la llave, niños van a cruzarse por su camino, o tropezar con una planta y hacer un tiradero, se le va a caer un vaso, un florero, el plato del microondas, etc. Todas las cosas que le puedan suceder. La clave está en aprender a manejarlas y la próxima vez cuando le pase verá que no es un gran problema. ¡Lo manejará como una campeona!

Otra sugerencia que tengo para usted; toma fotos con su teléfono antes y después. De esta manera tendrá pruebas de su trabajo, o subir las fotos en su página web. Eso le dará más credibilidad y sus futuros clientes van a ver su trabajo.

CAPITULO 17

REFERENCIAS

Tener referencias de clientes existentes, es invaluable. Además de lo que usted ya ofreces;

- Un excelente servicio.
- Un precio razonable.
- Experiencia.
- Una garantía de un trabajo bien hecho.
- El respaldo de tener bonding y seguro contra accidentes.
- Extras; como tener un sitio web o aceptar tarjetas de crédito.

Vayamos punto por punto;

Un excelente servicio no sólo es limpiar bien, sino también adquirir experiencia, y eso trabajando para otros, haciendo preguntas a los clientes asegurándose de que usted hace lo que ellos necesitan según sus requitos, buscando más información tanto en libros como en internet y otras personas que trabajan en la misma industria.

Un precio razonable se consigue al estudiar su competencia, y el ver cuanto cobran ellos y luego comparar con su costo de productos, transportación, costos de correr el negocio, sus horas de trabajo y su tiempo fuera del trabajo qué inviertes en atender el negocio. Cómo estimados gratis, compra de productos, limpieza del auto, manejo del sitio web, responder llamadas, textos y mensajes de correo electronico, lavado de su equipo y toallas. No hay necesidad de irse a minutos y centavos, sino un estimado general, para asegurarse que vale la pena el trabajo y tiempo invertido.

Según mi experiencia no van a cobrar mucho al empezar, por ejemplo yo cobraba $15, porque sabía que iba a demorar más en el trabajo ya que no tenía la costumbre a trabajar de limpiadora. Y no quería abusar del cliente cobrando más , teniendo en cuenta que era yo la que demoraba. Después, en pocos meses subí a $20 la hora. No hay necesidad de esperar mucho. Al aprender lo que uno esta haciendo y ser mas rapida valía la pena cobrar más. Y por último $25, para estar en un precio competitivo y a la vez igualar con la experiencia adquirida y el tiempo haciendo el trabajo. Pero como mencioné antes, ganaba más al cobrar por trabajo, llegaba a ganar $30-$35 la hora porque hacia el trabajo bien y rápido.

La ventaja de ofrecer una garantía de 100%. Significa que si algo no le gustaba al cliente, yo volvía a limpiarlo aunque ya me hubiera ido. Ya sea toda la casa o secciones. Me sucede muy raramente pero si pasaba. Como ser humano estamos propensos a cometer errores, a olvidarnos de algo, o a hacer algo mal por estar distraídos o preocupados. La manera de mantener al cliente satisfecho es de pedir disculpas, y arreglar la situación en cuanto sea posible. La gente entiende que nadie es perfecto, y si hemos sido capaces de mantener una buena relación con el cliente, ellos no se molestan y se olvidan de que sucedió.

CAPITULO 18

CÓMO CONSEGUIR REFERENCIAS

Las referencias es la manera más efectiva y segura de conseguir nuevos clientes. Primero porque sus propios clientes hacen el trabajo de promocionar sus servicios, segundo porque le ayuda conseguir clientes de calidad. Estos clientes no van a dejar de pagarle, tampoco tratarle mal. Ellos saben que cualquier dificultad va a llegar a los oídos de la persona que le recomendó, y ellos tienen plena confianza en usetd.

La manera que yo he utilizado para hacer crecer mi negocio a través de referencias, fue dejar en la casa de mis clientes después de haber limpiado un regalito (como ya mencioné, una vela aromática, un jabón de manos, etc. Junto con tarjetas mías y una nota diciendo que estaba aceptando nuevos clientes. Si ellos me recomiendan a amigos o familiares yo les daba un X descuento en la próxima visita. El descuento siempre lo hacia DESPUÉS de que la referencia tenga su primera limpieza.

Otra manera de conseguir clientes a través de clientes existentes; y para los que dejan su recomendación en mi página de Facebook, o la página local de clasificados, les ofrezco un descuento de X cantidad en su próxima visita. Les decía que pongan el porque de eligirme, sin decirles lo que deberían poner. De esta manera la recomendación (review) era natural y salía de su propia experiencia. No hay nada más desmotivador que una recomendación pre fabricada. De esta manera logré tener 13 recomendaciones de 5 estrellas cada una en mis clasificados locales. Yo sé que 13 no es un número grande, pero cuando son

TODAS de 5 estrellas, vale más que tener 62 con un promedio de 3 estrellas.

CAPITULO 19

MÁS SOBRE COBROS Y FORMAS DE PAGO

Hemos hablado de cobrar por hora o por trabajo. Es una opción que es totalmente individual. Ninguna es mejor que la otra, solamente elige la que se conviene mejor con cu compañía.

Hay varias maneras de cobrar, en efectivo, cheque, tarjeta de crédito o Paypal. Şi usted cobra en efectivo mantenga un registro para que así tenga una información correcta de lo que entra y lo que sale de su negocio. Además es bueno mantener todo registrado para hacer sus impuestos correctamente.

Cobrar por cheque puede ser bueno y malo. Muchos clientes prefieren cheque para poder llevar un mejor registro de lo que están gastando. Y si su cliente es de confianza, no tendrá ningún problema. El problema se presenta generalmente con nuevos clientes, usted no sabe si son personas honestas o tienen dinero en su cuenta bancaria. Es una situación incómoda el tener que decirle a un cliente que no ha podido cobrar con su cheque, y que necesita que le pague de otra manera.

También, hay esos clientes que cancelan el cheque después de dárselo, lo que le puede poner en problemas con su banco. No es nada agradable el tener que llamarlos para preguntar qué pasó con su cheque. A veces le pueden decir que no les gusta el trabajo y por eso lo cancelaron, lo que se podría prevenir teniendo una garantía de satisfacción del 100%. O simplemente no contestan el teléfono ni le devuelven la llamada.

Es mucho peor, cuando es un Move-out (limpieza de mudanza) y usted no tiene la manera de contactar a esa persona ya que se ha mudado ya que usted ignora su dirección nueva.

Para evitar estos contratiempos yo prefiero no recibir cheques, y lo dejé claro a los clientes desdes lel inicio. Solamente aceptaba clientes regulares con los que ya tenía una relación de confianza.

Para limpiezas de mudanza solamente acepta efectivo. Por último elige Paypal o tarjeta de crédito, ahora se usan aplicaciones como Venmo o Cash Apps. A algunas personas no les gusta, pero yo les digo que lamentablemente para protegerme, yo debería cobrar por adelantado. A veces no aceptaban, y es su derecho. Pero aprendí por experiencias que nunca es demasiado precavido en negocios.

Para Paypal solamente se necesita crear una cuenta, conectarla con su institución bancaria y cuando tenga un cliente, usted le dice que mande el pago por PayPal a su correo electrónico. Después se puede transferir su dinero a su banco. Toma unos días, pero vale la pena.

Para tarjetas de crédito, usaba Square. En este también uste puede abrir una cuenta con su email y conectar a su cuenta bancaria. Se puede tomar el pago de la tarjeta en su teléfono y el cliente firma, sino usa la tarjeta disponible porque usted ha tomado la orden por teléfono, y el cliente le da el número de la tarjeta y se lo entra manualmente. Tanto Paypal como Square cobran un porcentaje por la transacción, generalmente un 3%, usted lo cuenta como gasto de su negocio cuando hace su contaduría o sus impuestos. Nuevamente esto es más recomendable el tener que pagar esa tarifa mejorr que correr atrás de un cliente que no le pago.

CAPITULO 20

PLAN PARA EMPEZAR
A HACER DINERO EN UNA SEMANA

Como dice en la portada, este libro le ayudará a hacer dinero en una semana. Aquí he dividido tareas para que usted lo lograr en ese tiempo.

Día 1

- Leer este libro entero y tomar notas.

- Pensar en un nombre y registrarlo con el departamento de comercio.

- Comprar u ordenar sus uniformes online. Sería bueno tener 4-5, pero con 1 está bien para empezar. Asegura de lavarlo cada noche.

- Diseñar su logotipo.

Día 2

- Ordenar tarjetas, imprimir volantes, hojas de presupuesto y contratos.

- Organizar su calendario y marcar los días en que usted esté disponibles para trabajar.

- Empezar a crear su pagina web.

- Memorizar las políticas de su compañía.

Día3

- Repartir los volantes, poner anuncios en Craigslist, Facebook y clasificados gratis de su comunidad.

Día 4

- Practicar con familia y amigos al dar estimados. Hagalo en las hojas de estimado para que usted se acostumbra a lo que tiene que preguntar y lo que el cliente le va a responder.

- Comienza a tomar llamadas, a dar presupuestos y hacer citas para sus primeras limpiezas.

Día 5

- Comprar sus materiales de limpieza. Haga una lista de los materiales y productos recomendados en este libro, o selecciona sus favoritos.

- Revisa su aspiradora. Si piensa usar la suya,l e recomiendo que esté limpia y con una bolsa nueva.

Día 6

- Limpia su casa u ofrece sus servicios gratuitos a alguien que lo necesite, para ver cuánto le lleva hacer el trabajo y tener una rutina.

Día 7

- Este día dedícalo a su familia, celebra su nuevo emprendimiento.

- Descansa, porque la semana que viene empiece su nuevo negocio!

CAPITULO 21

BONO EXTRA:
RESOLUCIÓN DE CONFLICTOS

En esta sección le voy a dar unos consejos sobre resolución de conflictos o situaciones que se le pueden presentar.

- Si un cliente le dice que algo falta de su casa, ayúdale a pensar en qué lugares puede estar. O si usted lo ha visto mientras limpiaba, digáselo. Muchas veces las personas ponen cosas en lugares y después las olvidan. Como a mí, me pasó una vez, puse una tableta con los libros y el cliente no sabía donde buscar hasta que me llamo.

- Si encuentro algo roto, dañado o que necesita repararse, le saco una foto con mi teléfono, inmediatamente le mandó un texto con la foto al cliente y le hago saber lo que encontré. De esta manera evitamos que le acuse más adelante de algo que usted no ha hecho.

- Si por accidente se rompe algo, sé responsable. Sacale una foto, se lo manda al cliente, pide disculpas y ofrece restitución. Hay veces en que no es gran cosa y los clientes no se molestan. Pero no siempe aprecian su honestidad. Si hay que hacer restitución, trata de que sea a cambio de trabajos de limpieza, de esa manera no sale nada de su bolsillo. Por lo más que esté seguro contra accidentes, no hace falta abrir un reclamo porque generalmente su deducible son unos $500 y la mayoría de las veces lo que se rompe no vale tanto. Trata de arreglarlo con el cliente, porque şi usted tiene un reclamo, le puede subir el costo de su cobertura.

- Hemos hablado de evitar cheques y tomar pagos por adelantado para evitar hacer el trabajo sin pagar.

- Si de alguna manera usted se siente incomodo/a en una casa; por ejemplo le gritan, tienen perros no amigables, el cliente se pasea por la casa en ropa interior (Si, eso puede suceder. Creeme), la casa es demasiado sucia (si ir a esa casa le revuelve el estómago y hace que usted odia el trabajo es mejor perderlos), tiene el derecho de no ir de nuevon es decir, "despedir" al cliente. A veces la situación amerita ser directa con respecto a su razón. Otras veces usted puede decir que va a trabajar menos días, o la casa le queda muy lejos, etc. Será verdad en parte, pero lo más importante aquí es no arruinar las relaciones.

- Si el cliente ha olvidado dejar el pago; ¿Qué hago? ¿Limpio? Mi respuesta es sí. Hay veces en que los clientes se olvidan de dejar el pago. Nos pasa a todos . Lo que yo he hecho, es limpiar la casa, y al final mandarle un mensaje de texto al cliente. Algo como esto: "Sr/Sra/Nombre, he completado el trabajo. (Hacer un comentario de la casa), puse las sábanas y las toallas en el lavarropas. El baño de huéspedes necesita papel higiénico. Tampoco pude encontrar su pago. ¿Prefiere mandarlo por Paypal o quiere que pase más tarde a recogerlo?" De esta manera el cliente sabe que no molestamos, que igual hicimos el trabajo que corresponde y le dimos opciones de como solucionar el problema.

Pueden aparecerse mil versiones de estos ejemplos, yo le doy ejemplos de situaciones que he encontrado.

Y este es el final del libro. Quiero agradecerle por haber comprado el libro, y le pido que deje una recomendación en Amazon și le servió, y compartirlo para que otras personas que estén interesadas en este tema puedan encontrar el libro fácilmente.

¡Muchas gracias y buena suerte en su nuevo emprendimiento!

SOBRE LA AUTORA

Susana Pérez, propietaria y fundadora de "CREATIVO PUBLISHING".

Comenzó su primera empresa en 1998; un servicio de impresión al servicio de las pequeñas y medianas empresas de Montevideo Uruguay. Susana es una emprendedora entusiasta que ha trabajado en las áreas de publicidad, atención al cliente, ventas, diseño gráfico, limpieza e industrias alimentarias.

Su empresa de limpieza residencial; recibió un reconocimiento de 5 estrellas en su comunidad local.

Susana nació en Montevideo, Uruguay. Fue criada por una madre soltera con 5 hijos.

Susana nunca soñó con tener su propio negocio o escribir un libro.

Ella es la única persona de su familia que ha inmigrado a los Estados Unidos, donde decidió perseguir el sueño americano. Nada fue fácil. Cometió muchos errores y ha comenzado de nuevo más de una vez. Siendo la única persona en su familia que aprendió otro idioma, enfrentó muchos obstáculos con la inmigración, siendo madre soltera y adaptándose a una nueva cultura y forma de vida.

Sobrevivió a un accidente de tráfico que la dejó en coma durante 10 días, una orden de deportación, divorcio, desalojo y ser la única proveedora y cuidadora de sus hijos.

Como madre soltera, decidió poner a su familia en primer lugar y tomó todas las decisiones con ellos en mente. Después del desalojo, pasó un tiempo en un hogar para familias desalojadas con sus hijos. Sin embargo, sabía que tenía las habilidades y los recursos que la ayudarían. Y con su actitud positiva y resiliencia, enfrenta cada desafío sabiendo que había algo mejor en el otro lado.

Hoy, Creativo Publishing está creciendo y tiene grandes planes para el futuro.

Susana encuentra un equilibrio entre pasar tiempo con su familia, sus perros Shilo y Sophie, amigos que a menudo son emprendedores como ella, leer, escribir, escuchar música, bailar salsa y bachata o perderse por los senderos de las Montañas Rocosas de Utah donde encuentra paz y tranquilidad.

Encuentra a Susana en: Facebook:

www.facebook.com/susana.perez.us
Sitio web: www.susanaperez.us

www.ingramcontent.com/pod-product-compliance
Lightning Source LLC
Chambersburg PA
CBHW071031280326

41935CB00011B/1536